1. sprechen Nino

 2. merken Nino

 3. schreiben Nino

 4. prüfen Nino

Abschreiben
Abschreibtechnik in vier Schritten (Pfote): 1. Sprechen (Mund) → 2. Merken (Gedankenblase) → 3. Schreiben (Stift) → 4. Prüfen (Haken)

1

-e ✎	✎	🐾
• Ente	Ente	Ente ☑
• Name	Name	☐
• Nase	Nase	☐
• Tante	Tante	☐
• Lampe	Lampe	☐
• Palme	Palme	☐
• Note	Note	☐

• Nase

• En

• No

• Lam

Endung -e
Wörter mit Schwa-Laut im Auslaut

mit	mit	mit	☑
etwas	etwas		☐
ist	ist		☐
wem	wem		☐
wo	wo		☐
an	an		☐
also	also		☐

als   was

n	l	t	a	l	s	e
p	w	p	s	l	n	t
a	o	n	p	w	a	s

| als | ☐ |
| | ☐ |

Sprechschreiben ☺

-en ✏️

alle Enten🔍✏️	alle Enten
alle Namen	alle Namen
alle Nasen	alle Nasen
alle Tanten	alle Tanten
alle Lampen	alle Lampen
alle Palmen	alle Palmen
alle Noten	alle Noten

○ Palmen am See

○ Enten im See

○ Tanten mit Tee

Strategieseite: Sprechschreiben
Wörter mit Schwa-Laut bzw. Schwa-Tilgung (Endung -e/-en) / Strategie: Wörter beim Schreiben deutlich in Silben vorsprechen

Namen   ~~Enten~~   Palmen   Tanten   Noten

> Ich spreche die Wörter
> in Silben vor.

-e   **-en**

- Ente   ⟶   alle Enten
- Name   ⟶   alle
- Tante   ⟶   alle
- Palme   ⟶   alle
- Note   ⟶   alle

E	n	t	e
L	a	m	
N	a		

Strategieseite: Sprechschreiben
Wörter mit Schwa-Laut bzw. Schwa-Tilgung (Endung -e/-en) / Strategie: Wörter beim Schreiben deutlich in Silben vorsprechen

5

-en ✏	✏	🐾
malen 🔍✏	malen	malen ☑
lesen	lesen	☐
reden	reden	☐
weinen	weinen	☐
lernen	lernen	☐
raten	raten	☐
reisen	reisen	☐

ma_____

ler_____

ra_____

le_____

Endung -en
Verben mit Schwa-Laut bzw. Schwa-Tilgung (e im Sprechfluss kaum wahrnehmbar)

alle	alle	alle	☑
wann	wann		☐
dann	dann		☐
wenn	wenn		☐
denn	denn		☐
immer	immer		☐
sollen	sollen		☐

im am

w	e	t	a	s	i	m
r	o	a	s	l	p	t
a	m	p	e	d	a	o

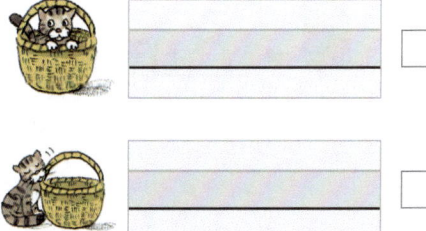

-el 	✏️	🐾
• Ampel	Ampel	Ampel	☑
• Esel	Esel		☐
• Amsel	Amsel		☐
• Pinsel	Pinsel		☐
• Windel	Windel		☐
• Nadel	Nadel		☐
• Insel	Insel		☐

• Ampel

• E

• In

• Pin

Endung -el
Wörter mit Schwa-Laut bzw. Schwa-Tilgung (e im Sprechfluss kaum wahrnehmbar)

✏️	🐾

ein	ein	ein	☑
mein	mein		☐
der	der		☐
weil	weil		☐
nein	nein		☐
dem	dem		☐
sein	sein		☐

🖊️ **das   den**

d	l	t	a	r	w	e
r	d	a	s	l	p	t
t	w	d	e	n	a	s

☐

☐

die Hose	die Hose	✓
die Wiese		☐
der Mantel		☐
die Reise		☐
die Seite		☐
der Hase		☐
das Seil		☐

der

die

das

der

der

Artikel
Nomen mit ihren Begleitern (die farbigen Artikelpunkte verweisen auf den jeweiligen Begleiter der/die/das)

• die Ameise	die Ameise ☑
• das Heft	☐
• der Faden	☐
• das Nest	☐
• die Rose	☐
• die Seife	☐
• das Ende	☐

die   das

• die   • das

-er 🔍	✏️	🐾
• Eimer	Eimer	Eimer ☑
• Leiter	Leiter	☐
• Feder	Feder	☐
• Hamster	Hamster	☐
• Meter	Meter	☐
• Winter	Winter	☐
• Fenster	Fenster	☐

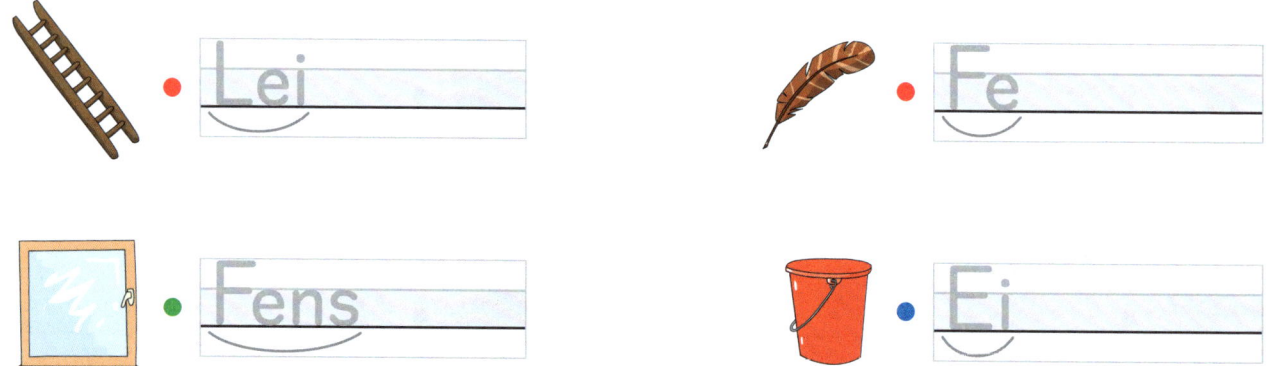

Lei ____

Fe ____

Fens ____

Ei ____

Endung -er
Wörter mit der Endung -er, die wie ein kurzer a-Laut ausgesprochen wird

	✏️	🐾
wieder	wieder	wieder ✓
hinter	hinter	☐
unter	unter	☐
dies	dies	☐
hat	hat	☐
uns	uns	☐
warum	warum	☐

○ Polli hinter der Leiter

○ Polli unter dem Fenster

○ Polli hinter dem Hamster

r ✏	🖊	🐾
• Tor	Tor	Tor ☑
• Papier	Papier	☐
• Erde	Erde	☐
• Tier	Tier	☐
• Wort	Wort	☐
werfen	werfen	☐
lernen	lernen	☐

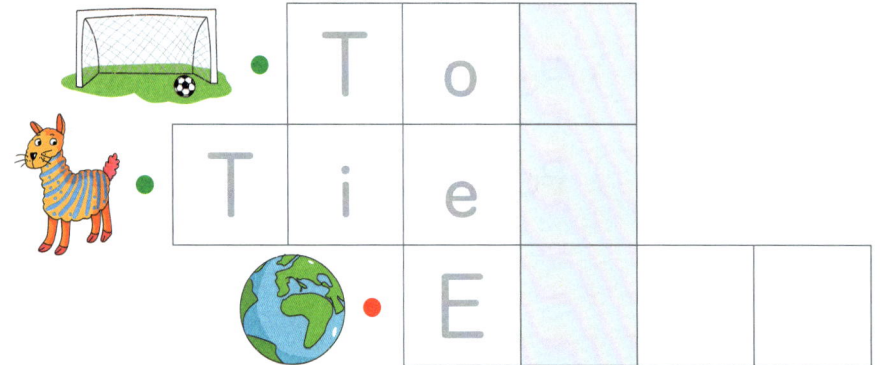

	T	o		
T	i	e		
	E			

Wörter mit vokalisiertem r
Modellwörter mit einem auf einen Vokal folgenden r, das wie ein a-Laut ausgesprochen wird

wir	wir	wir	☑
mir	mir		☐
nur	nur		☐
war	war		☐
er	er		☐
hier	hier		☐
wer	wer		☐

○ Nina malt hier Dinos.

○ Nina malt nur Tiere.

○ Wir werfen hier Tore.

Merkwörter Ⓜ

oo aa ee ✏️   ✏️   🐾

- **Boot** | Boot | Boot ☑
- **See** | See | ☐
- **Haar** | Haar | ☐
- **Tee** | Tee | ☐
- **Meer** | Meer | ☐
- **Zoo** | Zoo | ☐
- **Beere** | Beere | ☐

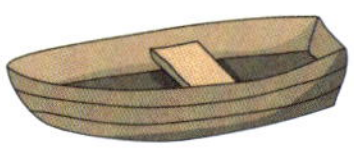

| **Beere** | **See** | **Tee** | **Boot** |
| die Beere | der See | der Tee | das Boot |

Strategieseite: Merkwörter
Merkwörter mit Doppelvokal / Strategie: Merkschreibungen einprägen und wiederholt üben

•Tee •Zoo •Haar •See •Boot •Meer •Beere

Ich merke mir
die Wörter.

ee

der Tee ☑

der ☐

das ☐

die ☐

oo

der ☐

das ☐

aa

das ☐

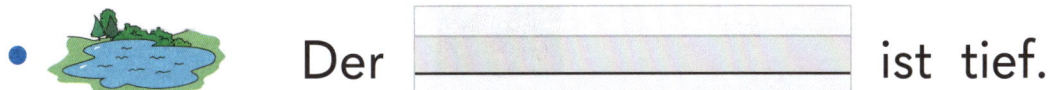

Der _____ ist warm.

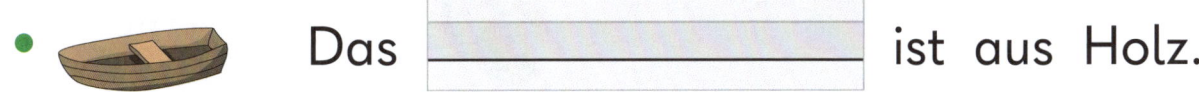

Der _____ ist tief.

Das _____ ist aus Holz.

ch ✏️	✏️	🐾
• Milch	Milch	Milch ☑
• Licht	Licht	☐
rechnen	rechnen	☐
• Buch	Buch	☐
• Nacht	Nacht	☐
• Drache	Drache	☐
• Tochter	Tochter	☐

ch wie in 🥛

• Li _____

re _____

ch wie in 📕

• Na _____

• Dra _____

ⓌⓌ **Wörter mit ch**
Grundwortschatz-Wörter mit dem mehrgliedrigen Graphem <ch>, das regelhaft als ich-Laut oder als ach-Laut gesprochen wird

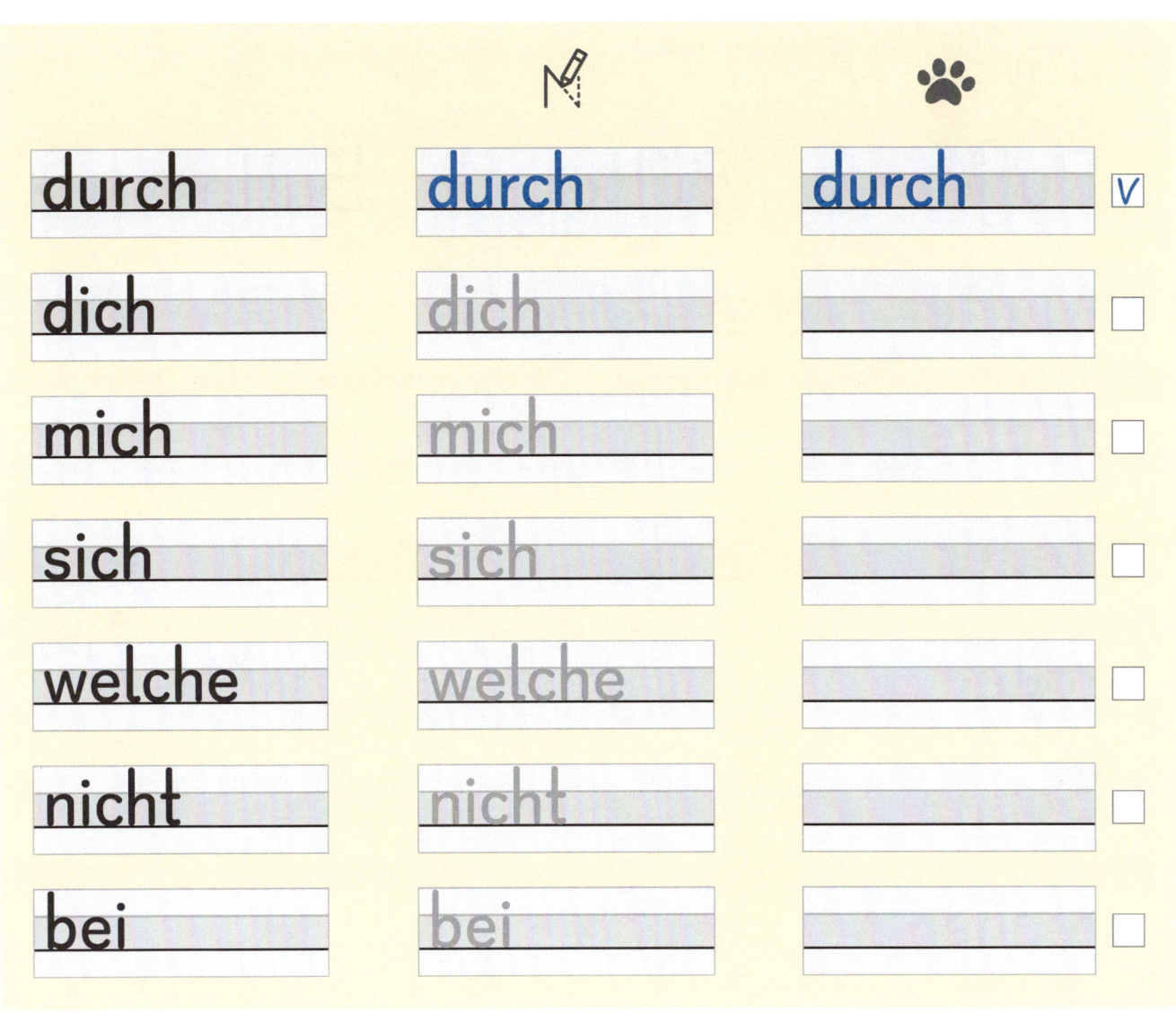

durch	durch	durch	☑
dich	dich		☐
mich	mich		☐
sich	sich		☐
welche	welche		☐
nicht	nicht		☐
bei	bei		☐

zum   aber

z	w	t	a	r	z	e
m	d	a	b	e	r	f
z	u	m	h	m	a	b

tt ll nn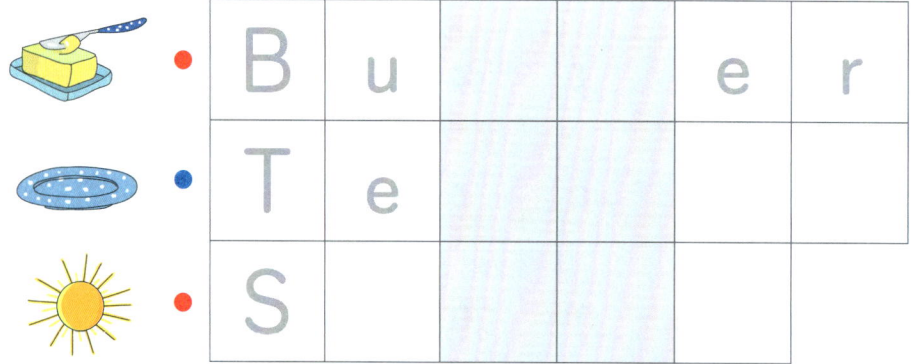

• Butter	Butter	Butter	☑
• Mutter	Mutter		☐
• Wetter	Wetter		☐
• Teller	Teller		☐
rollen	rollen		☐
• Sonne	Sonne		☐
rennen	rennen		☐

B	u			e	r
T	e				
S					

Wörter mit Doppelkonsonanten
Modellwörter mit Konsonantenverdopplung nach kurzem Vokal (tt, ll und nn)

pp ff mm

• Puppe	Puppe	Puppe ✓
• Suppe	Suppe	☐
• Treppe	Treppe	☐
• Koffer	Koffer	☐
• Affe	Affe	☐
• Sommer	Sommer	☐
• Zimmer	Zimmer	☐

u

• Pu _____

• Su _____

o

• Ko _____

• So _____

ö ü	✏️	🐾
• Körper	Körper	Körper ☑
hören	hören	☐
mögen	mögen	☐
schön	schön	☐
• Küche	Küche	☐
• Blüte	Blüte	☐
fünf	fünf	☐

 In der _____ kann man ko**chen**.

 Die Blu**me** hat ei**ne** ro**te** _____.

5 Drei plus zwei ist _____.

dann	dann	dann	☑
denn	denn		☐
über	über		☐
für	für		☐
auf	auf		☐
keiner	keiner		☐
auch	auch		☐

○ Keiner ist auf dem Sofa.

○ Die Lampe ist über dem Sofa.

○ Papa ist auch auf dem Sofa.

Verlängern ↪

d g b ✏

alle Hunde → der Hund

alle Kinder → das Kind

alle Burgen → die Burg

alle Tage → der Tag

alle Wege → der Weg

alle Berge → der Berg

alle Diebe → der Dieb

○ Das ist ein Hund auf einem Weg.

○ Das ist ein Kind in einem Kleid.

○ Das ist ein Kind auf einem Berg.

Strategieseite: Verlängern
Wörter mit Auslautverhärtung im Endlaut (b, d, g gesprochen als p, t, k) / Strategie: Verlängern des Wortes mit „alle"

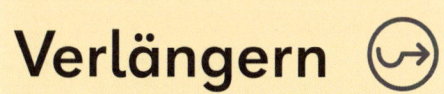
• Weg   • Hund   • Berg   • Dieb   • Kind   • Burg   • Tag

Ich verlängere die Wörter mit „alle".

...g

der Weg ☑

der ☐

die ☐

der ☐

...d

der ☐

das ☐

...b

der ☐

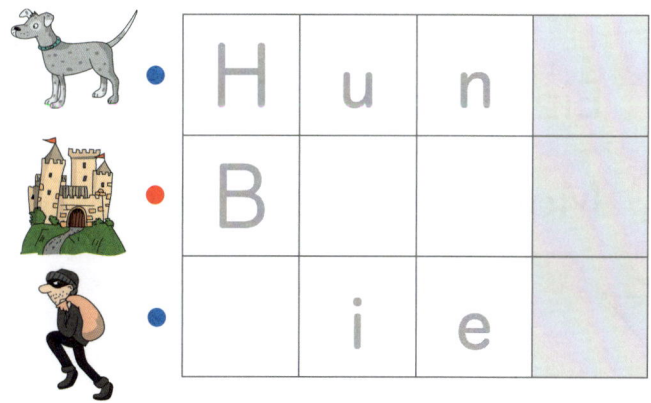

H	u	n	
B			
	i	e	

Strategieseite: Verlängern
Wörter mit Auslautverhärtung im Endlaut (b, d, g gesprochen als p, t, k) / Strategie: Verlängern des Wortes mit „alle"

25

🐾

Montag	Montag ☑
Dienstag	☐
Mittwoch	☐
Donnerstag	☐
Freitag	☐
Samstag	☐
Sonntag	☐

○ Freitag ist der erste Tag der Woche.

○ Eine Woche hat nur Sonntage.

○ Montag ist der erste Tag der Woche.

Ⓜ **Wochentage**
Komplexe Wortformen (z. T. mit Auslautverhärtung)

d ✏️	✏️	🐾
• **Sand**	**Sand**	**Sand** ☑
• **Mädchen**	Mädchen	☐
und	und	☐

b ✏️		
• **Obst**	Obst	☐
• **Herbst**	Herbst	☐
ob	ob	☐

 In der Wüste gibt es _____.

 Das _____ hat schwarze Haare.

 Birnen und Bananen sind _____.

Merkwörter mit Auslautverhärtung bzw. Konsonantenverhärtung
Merkschreibungen, da die Strategie „Verlängern" nicht angewendet werden kann

Ⓜ 27

Ableiten ⚡

Ä ä 🖊

alle M**ä**ntel	→	**der Mantel**
alle Äste	→	der Ast
alle Nächte	→	die Nacht
alle Säfte	→	der Saft
alle Dächer	→	das Dach
alle Bäche	→	der Bach
alle Gärten	→	der Garten

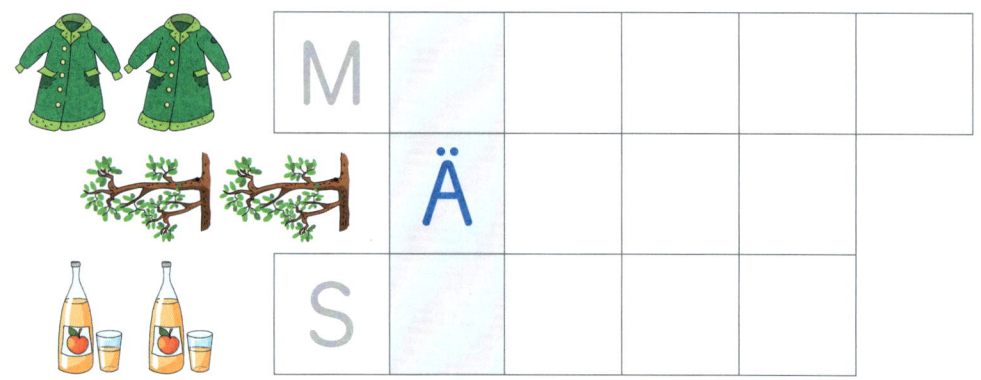

M					
	Ä				
S					

Strategieseite: Ableiten
Wörter mit ä (kein Ausspracheunterschied zu e) / Strategie: Schreibweise mit ä von einem verwandten Wort mit a ableiten

Bäche   Äste   D~~äch~~er   Säfte   Mäntel

Ich suche ein ähnliches
Wort mit a.

ein → alle **Dächer** ☑

ein → alle ☐

ein → alle ☐

ein → alle ☐

ein → alle ☐

○ Ninas Drachen ist in den Ästen.

○ Der Drachen ist über den Dächern.

○ Ninas Mäntel sind im Garten.

Strategieseite: Ableiten
Wörter mit ä (kein Ausspracheunterschied zu e) / Strategie: Schreibweise mit ä von einem verwandten Wort mit a ableiten

29

Sch sch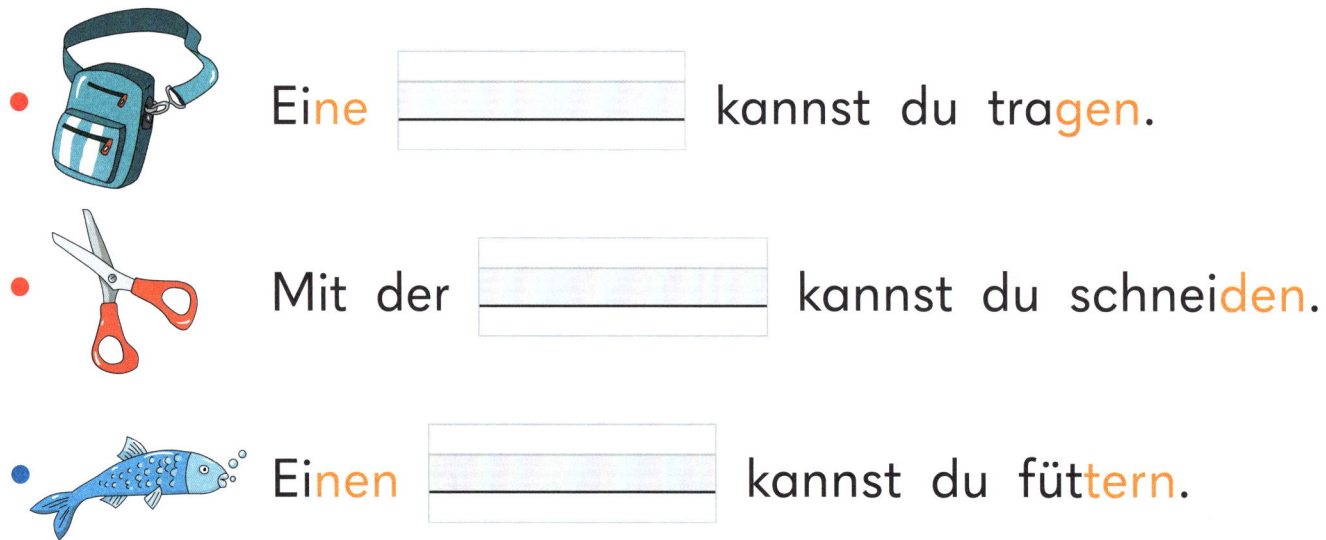

Schere	Schere	Schere ✓
Tasche	Tasche	
Fisch	Fisch	
Schule	Schule	
Schwester	Schwester	
schlafen	schlafen	
schreiben	schreiben	

Eine _____ kannst du tragen.

Mit der _____ kannst du schneiden.

Einen _____ kannst du füttern.

Wörter mit Sch/sch
Grundwortschatz-Wörter mit dem mehrgliedrigen Graphem <sch>

ä ✏	N✏	🐾
• Bär	Bär	Bär ☑
• Käse	Käse	☐
• März	März	☐
spät	spät	☐
• Käfer	Käfer	☐
ärgern	ärgern	☐
• Säge	Säge	☐

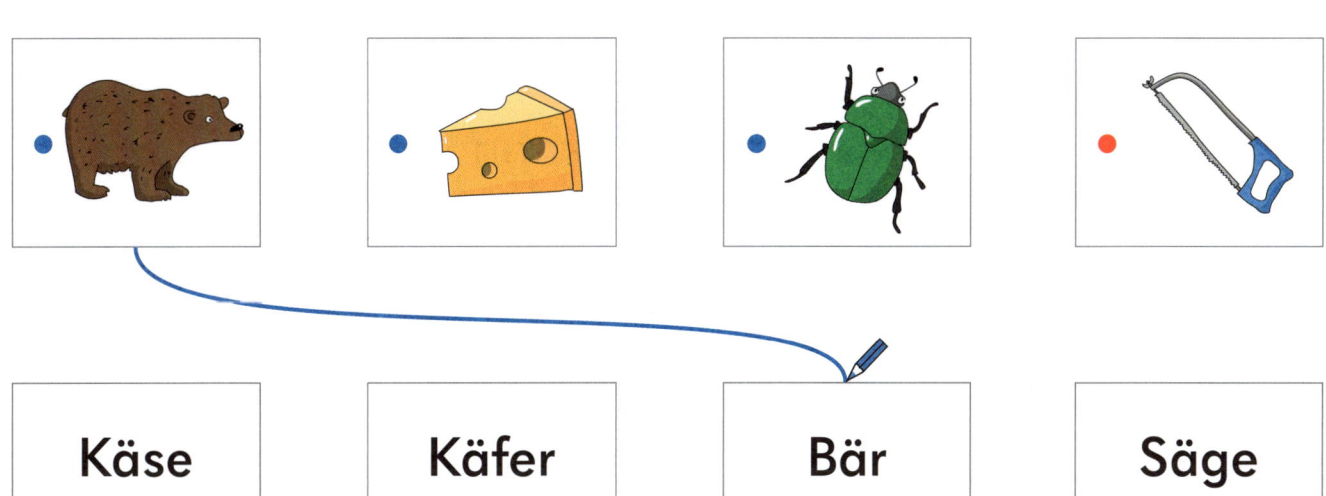

Käse	Käfer	Bär	Säge
der Käse	der Käfer	der Bär	die Säge

ah eh

• Zahn	Zahn	Zahn	V
• Jahr	Jahr		
• Fehler	Fehler		
zehn	zehn		

uh öh

• Huhn	Huhn		
• Höhle	Höhle		

• Ein ________ kann ein Loch haben.

• Ein ________ legt Eier.

10 Der Mensch hat ________ Zehen.

M **Merkwörter mit stummem h**
Merkschreibungen von Wörtern mit stummem h (nach langem Vokal)

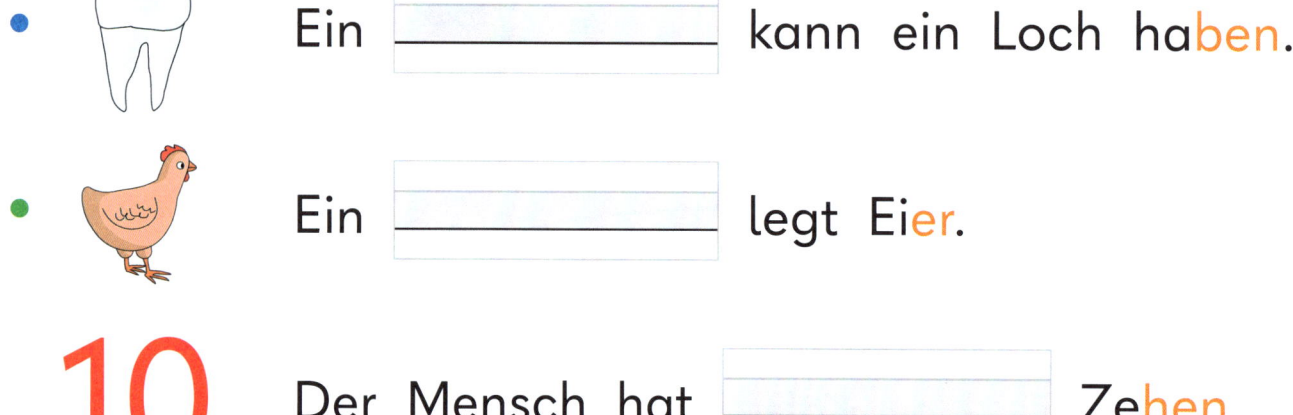

ah eh ✏

fahren   fahren   fahren ☑

zahlen   zahlen   ☐

fehlen   fehlen   ☐

nehmen   nehmen   ☐

oh üh ✏

wohnen   wohnen   ☐

fühlen   fühlen   ☐

○ Nina und Leon wohnen im Haus.

○ Nina und Leon fehlen im Haus.

○ Nina und Leon fahren den Bus.

		🐾
schon	schon	schon ✓
gegen	gegen	☐
sehr	sehr	☐
jeder	jeder	☐
mehr	mehr	☐
ohne	ohne	☐
ganz	ganz	☐

○ Opa liest ohne Brille.

○ Opa liest ganz alleine.

○ Opa hat schon graue Haare.

Funktionswörter
Häufige Wörter mit besonderer Relevanz für das Verstehen und Verfassen von Texten

I i ✏️	✏️	🐾	
• Igel	Igel	Igel	☑
• Musik	Musik		☐
• Juni	Juni		☐
• Juli	Juli		☐
• Fibel	Fibel		☐
• Maschine	Maschine		☐
• Tiger	Tiger		☐

• Der _____ schläft am Tag.

• Ein _____ frisst nur Fleisch.

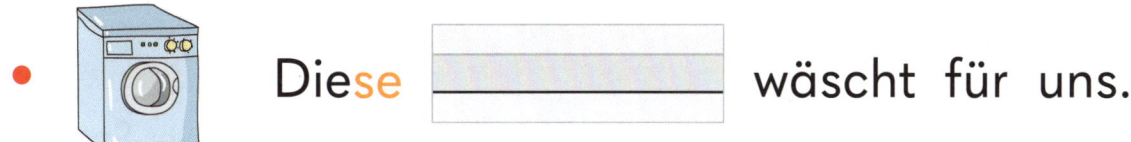

• Diese _____ wäscht für uns.

Sp sp

Spiel	Spiel	Spiel ☑
Spiegel	Spiegel	☐
Sport	Sport	☐
Spinne	Spinne	☐
sparen	sparen	☐
sprechen	sprechen	☐
spielen	spielen	☐

Sch...

 • Schaf

 • Schal

Sp...

 • Sp

 • Sp

 Sprich Schp, schreibe Sp !

Wörter mit Sp/sp
Modellwörter für die Schreibung <sp> bei der Abfolge von sch-p im Anlaut

St st ✎   ✎   🐾

- Stift   Stift   Stift   ☑
- Stiefel   Stiefel   ☐
- Stein   Stein   ☐
- Stern   Stern   ☐
- Stunde   Stunde   ☐
- streiten   streiten   ☐
- stehen   stehen   ☐

Sch...   St...

- Schaukel   St

- Schaufel   St

Sprich Scht, schreibe St!

ck ✏	✏	🐾
• Jacke	Jacke	Jacke ☑
• Decke	Decke	☐
• Schnecke	Schnecke	☐
• Zucker	Zucker	☐
• Rock	Rock	☐
• Socke	Socke	☐
• Rücken	Rücken	☐

e

• De _____

Schne _____

o

• Ro _____

So _____

ck ✏️	📝	🐾	
backen	**backen**	**backen**	☑
packen	packen		☐
kicken	kicken		☐
schicken	schicken		☐
schmecken	schmecken		☐
lecker	lecker		☐
dick	dick		☐

○ Kekse muss man ins Tor kicken.

○ Kekse muss man im Ofen backen.

○ Pakete muss man im Ofen packen.

Pf pf 🖊️   ✏️   🐾

Pfote	Pfote	Pfote ☑
Apfel	Apfel	☐
Kopf	Kopf	☐
Pfeil	Pfeil	☐
Topf	Topf	☐
Knopf	Knopf	☐
pflanzen	pflanzen	☐

Wörter mit Pf/pf
Grundwortschatz-Wörter mit dem mehrgliedrigen Graphem <pf> (im Anlaut z. T. als F artikuliert)

tz ✏	✏	🐾
• Katze	Katze	Katze ☑
• Mütze	Mütze	☐
• Hitze	Hitze	☐
• Spitze	Spitze	☐
• Satz	Satz	☐
sitzen	sitzen	☐
putzen	putzen	☐

○ Nina und Nino sitzen auf dem Kissen.

○ Nina und Nino putzen ihre Zähne.

○ Nina und Nino tragen bunte Mützen.

Wörter mit tz
Modellwörter für die Konsonantenverdopplung von z nach kurzem Vokal (im Normalfall: tz statt zz)

V v ✎   🐾

- **Vogel**   *Vogel*   *Vogel*   ☑ V

- **Vater**   *Vater*   _____   ☐

  vorne   *vorne*   _____   ☐

  vier   *vier*   _____   ☐

  voll   *voll*   _____   ☐

  viele   *viele*   _____   ☐

V/v wie in 🐦

Ein Ra**be** ist ein schwar**zer** _____ .

Der _____ trägt sein Kind.

 **Vie**le **Tie**re ha**ben** _____ Bei**ne**.

Ⓜ **Merkwörter mit V/v**
Merkschreibungen, die nicht erschlossen werden können (Aussprache als F/f)

V v ✏ ✏ 🐾

- **Vase**   Vase   Vase   ☑
- **Vampir** Vampir   ☐
- **Vulkan** Vulkan   ☐
- **Kurve**   Kurve   ☐
- **Klavier** Klavier   ☐
- **November** November   ☐

V/v wie in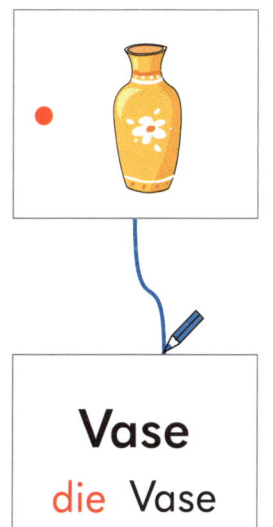

Vase	Kurve	Klavier	Vulkan
die Vase	die Kurve	das Klavier	der Vulkan

chs ✎	✎	🐾
• Fuchs	Fuchs	Fuchs ☑
• Dachs	Dachs	☐
• Ochse	Ochse	☐
• Luchs	Luchs	☐
wachsen	wachsen	☐
wechseln	wechseln	☐
sechs	sechs	☐

6

D			
F			
s			

Ⓜ **Merkwörter mit chs**
Merkwörter mit dem seltenen mehrgliedrigen Graphem <chs>

ng		🐾
• Anfang	Anfang	Anfang ☑
• Junge	Junge	☐
• Ring	Ring	☐
• Schlange	Schlange	☐
• Zunge	Zunge	☐
singen	singen	☐
langsam	langsam	☐

◯ Schlangen haben lange Beine.

◯ Schlangen haben lange Zungen.

◯ Schlangen tragen Ringe am Finger.

β 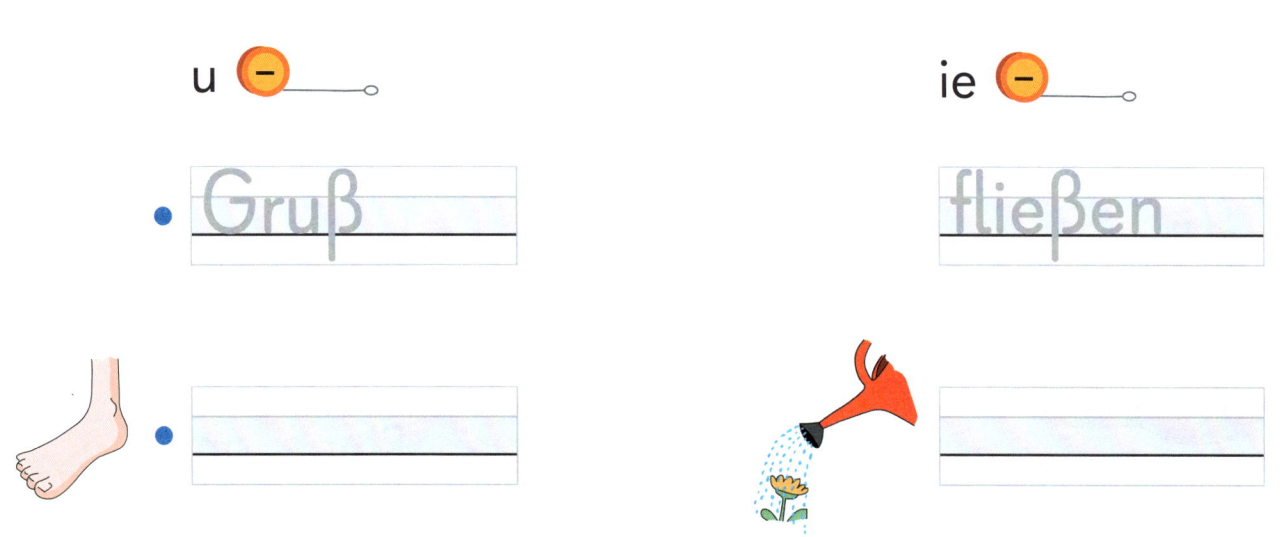	✎	🐾
• Fuß	Fuß	Fuß ☑
• Gruß	Gruß	☐
heißen	heißen	☐
fließen	fließen	☐
gießen	gießen	☐
groß	groß	☐
weiß	weiß	☐

u ●– ⸰   ie ●– ⸰

• Gruß   fließen

•

Ⓜ **Merkwörter mit ß**
Merkschreibungen mit dem Graphem <β>, das nach langen Vokalen oder Diphthongen steht

ss ✏	◿	🐾
• **Tasse**	Tasse	Tasse ☑
• **Klasse**	Klasse	☐
• **Wasser**	Wasser	☐
• **Messer**	Messer	☐
• **Sessel**	Sessel	☐
essen	essen	☐
müssen	müssen	☐

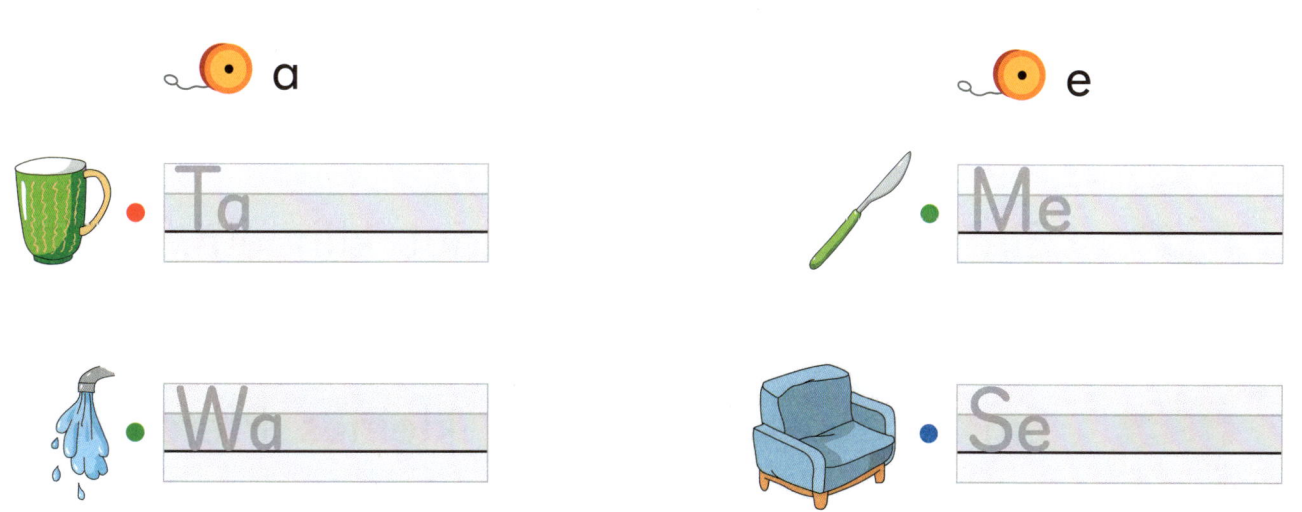

a

• Ta

• Wa

e

• Me

• Se

y ✏️   🐾

- Bab**y**   Baby   Baby ☑
- Hand**y**   Handy ☐
- Pon**y**   Pony ☐
- Hobb**y**   Hobby ☐
- Part**y**   Party ☐
- Tedd**y**   Teddy ☐
- Pyramide   Pyramide ☐

Ein _____ kann noch nicht lau**fen**.

Ein _____ kann laut klin**geln**.

Ein _____ ist ein klei**nes** Pferd.

Ⓜ **Merkwörter mit y**
Merkschreibungen, die nicht erschlossen werden können (Aussprache als i/ü)

nk		
• Bank	Bank	Bank ☑
• Schrank	Schrank	☐
• Onkel	Onkel	☐
• Geschenk	Geschenk	☐
danken	danken	☐
denken	denken	☐
dunkel	dunkel	☐

○ Nina und Oma sitzen auf der Bank.

○ Der Onkel gibt Nina ein Geschenk.

○ Nina steht vor ihrem Schrank.

Ableiten ⚡

äu ✏️   ✏️

alle Bäume	→	der Baum
alle Mäuse	→	die Maus
alle Häuser	→	das Haus
alle Träume	→	der Traum
alle Zäune	→	der Zaun
alle Räume	→	der Raum
alle Bäuche	→	der Bauch

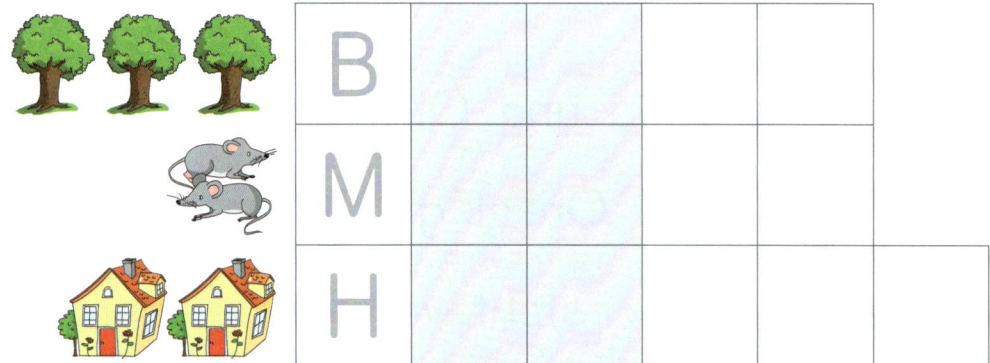

Strategieseite: Ableiten
Wörter mit äu (kein Ausspracheunterschied zu eu) / Strategie: Schreibweise mit äu von einem verwandten Wort mit au ableiten

Mäuse   Bäuche   Zäune   ~~Bäume~~   Häuser

> Ich suche ein ähnliches Wort mit au.

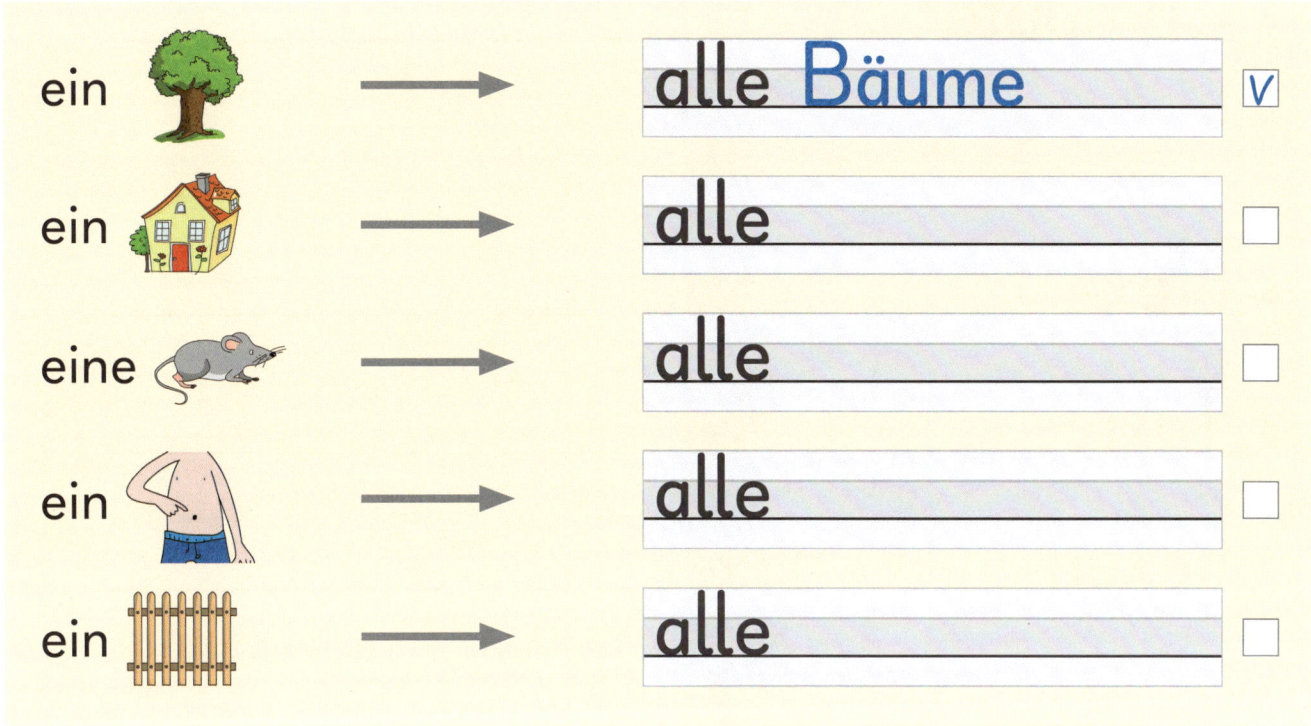

ein 🌳 ➡️ alle **Bäume**   ☑

ein 🏠 ➡️ alle   ☐

eine 🐁 ➡️ alle   ☐

ein 🧍 ➡️ alle   ☐

ein 🚧 ➡️ alle   ☐

○ Die Esel klettern auf Bäume.

○ Die Esel sind hinter Zäunen.

○ Auf den Eseln reiten Mäuse.

Strategieseite: Ableiten
Wörter mit äu (kein Ausspracheunterschied zu eu) / Strategie: Schreibweise mit äu von einem verwandten Wort mit au ableiten

51

C c ✏

• Cent	Cent	Cent ☑
• Comic	Comic	☐
• Computer	Computer	☐

x ✏

• Hexe	Hexe	☐
• Taxi	Taxi	☐
boxen	boxen	☐

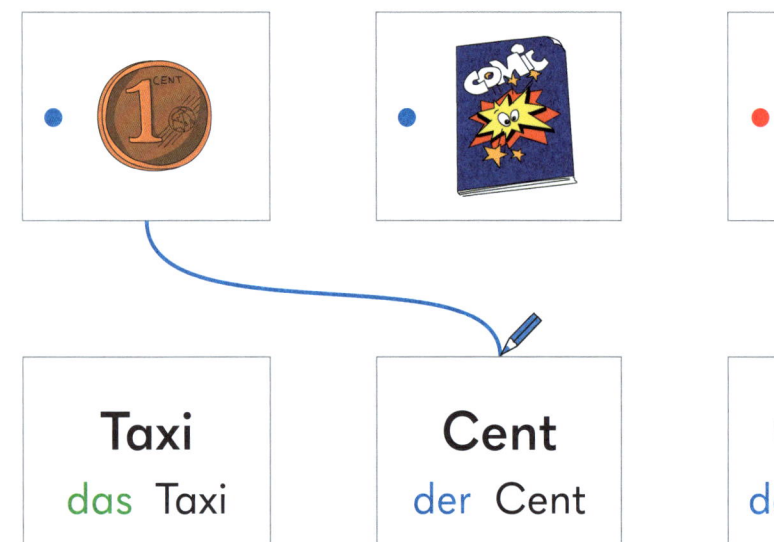

Taxi	Cent	Comic	Hexe
das Taxi	der Cent	der Comic	die Hexe

Ⓜ **Merkwörter mit C/c und x**
Merkschreibungen, da c unterschiedlich ausgesprochen wird und x eine Ausnahmeschreibung für den ks-Laut ist (statt chs)

Qu qu

		🐾
• Quark	Quark	Quark ☑
• Qualm	Qualm	☐
• Quelle	Quelle	☐
• Quatsch	Quatsch	☐
• Qualle	Qualle	☐
• Quadrat	Quadrat	☐
quaken	quaken	☐

• Der _____ ist ge*sund* und le*cker*.

• Die _____ schwimmt im Meer.

• Der _____ kommt aus dem Haus.

Wörter mit Qu/qu
Modellwörter der regulären Schreibweise <qu> für die seltene Lautfolge k-w (die nicht als Buchstabenfolge vorkommt)

53

Strategien

• Krone	Krone	Krone ✓
• Besen	Besen	☐
• Schlüssel	Schlüssel	☐
• Füller	Füller	☐

• Schnee	Schnee	☐
• März	März	☐
• Stuhl	Stuhl	☐
• Text	Text	☐

Strategien Übersicht
Sprechschreiben und Merkwörter (siehe S. 4/5 und S. 16/17)

alle Freunde	→	der Freund
alle Lieder	→	das Lied
alle Kleider	→	das Kleid
alle Pferde	→	das Pferd

der Apfel	→	alle Äpfel
das Fach	→	alle Fächer
das Kraut	→	alle Kräuter
der Strauch	→	alle Sträucher

Inhalt